KLAUS GROSPIETSCH
Wo der Rhein die Ruhr küßt

world internet books
Edition Niederrheinische Dichtkunst

KLAUS GROSPIETSCH
Wo der Rhein die Ruhr küßt

KAPITEL 1

KLAUS GROSPIETSCH
Wo der Rhein die Ruhr küßt

KAPITEL 2

KAPITEL 1

Gott

Ich nenne Dich mal Gott
denn Du brauchst einen Namen
Alle war'n heut' Nacht auf der Suche nach sich selbst
Alle, die noch hier sind, die gingen oder kamen …
Alle war'n heut' Nacht auf der Suche nach sich selbst
Du bist traurig, aber wahr
Nur nicht immer da, wenn man Dich braucht
Du bist verbraucht!
Bist wahrscheinlich unwahrscheinlich
möglich, aber nicht unmöglich
normalerweise nicht normal
ist aber egal. Total egal!

ich nenne Dich mal Gott
denn Du brauchst einen Namen
Alle war'n heut' Nacht auf der Suche nach sich selbst

Kurz danach

Kurz nach der letzten Lüge
als es hieß
daß Ehrlichkeit am längsten währt
kurz danach
gelobte er Treue
von jetzt bis gleich für eine
halbe Ewigkeit

Kurz nach der letzten großen Erneuerung
als sie sich zeigte
daß Klischees zeitlos sind
und das neue Alte gut
kurz danach
fiel kein Meister vom Himmel
aus Fragen der inneren Sicherheit

Du spielst im Krimi nur die Leichen
klar, kann jedem mal passier'n
Du bist ganz selten zu erreichen
Wann geh'n wir noch einmal spazier'n?

Du bist am schönsten tot von allen
frisch geschminkt und dann krepiert
Kannst gekonnt vom Hochhaus fallen
bist letztens sogar explodiert

Abgeknallt und abgestochen
in der Mitte aufgeplatzt
Mal eben das Genick gebrochen
oder sauber abgekratzt

Selbst sonntags gehst Du gerne hops
oft zu jeder vollen Stunde -
und freitags immer mit dem Mops
kurz mal eben vor die Hunde

Kein Regisseur kennt Deinen Namen
(der wird auch schon mal überklebt)
hast den Tod und andre Dramen
aber immer eiskalt überlebt

Kleiner Punk
(lebst auf der Straße)

Nicht nötig, nicht nötig
die haben Dich nicht nötig
Die häng' sich selbst zum Hals raus
und sind dabei höchst unwillkürlich
Du fällst oft hin und fast nie auf
bist nicht de luxe bist nur Discount
bist nie gut drauf, nur schlecht gelaunt
siehst ganz gut aus, für kurze Zeit
Tolle Rolle, die Du spielst
alles ohne Untertitel
Tolle Aussicht, die Du hast
bei diesem geilen Spiegelbild
Mit Deiner frischen Farbe
malst Du Dir 'n Streifenwagen

Hier gibt's wie immer nichts umsonst!
Alle wollen, können, müssen
sich ganz schnell verpissen
Und dann kommst DU!
Wurdest kurz dahin gemacht
Du bist nur ein Stück Scheiße
die zieh'n Dich einfach ab

Er wurde damals
aus der Hölle
angehimmelt

Deineweltgeschichte

Ich und du und deine Ichperspektive
und dein Borderline-Collie
und die Liebesbriefbomben
die nie explodier'n
Und dein Designerbadezimmer
mit dem rosa Flamingo
und den Voodoopuppenkisten
die mich irritier'n
Du und ich und der Papa deiner Freundin
ich frag' mich immer wieder
wo bin ich denn hier?
Werde Händeringer in der Achtzigkiloklasse
und immer zick-zack
durch deine Weltgeschichte
deine Weltgeschichte

Die drehen sich gerade
machen sich krumm
raffen sich auf und fallen dann um

Gucken, was geht
wer sich gerade dreht
wer wieder steht
Bequem ist das nicht!

Wieso? Ach nee Ach so!
Ja Ja! Ach, so la la

Helden haben hübsche Frauen
Hübsche Frauen reiche Männer
Reiche Männer einen Traum:
Gerne noch mehr hübsche Frauen

Wie schön Du bist
wenn Du Dich häutest
wie viel
Du mir bedeutest
In diesem Augenblick

Hände ordentlich
falten
und dann erst
in den Schoß
legen

So verliebt sich eine in den andern
es ist wie rastloses Wandern

So verschenkt sich die gleiche
gerade an den
weil sie glaubt sie hat ihn schon mal geseh'n
als er neben ihr in der S-Bahn fuhr
Er blinzelte rüber, sie glotzte nur stur

An der S-Bahnstation fiel ein Kind in den Dreck
dem alten Mann flog der Regenschirm weg

Tränen rannen über die Scheiben
und machten sehr große Pfützen
Die aus der Dritten erkälteten sich
sie kickten ohne Mützen

Sie wollte nach Frankreich
und fuhr dann nach Flandern
Ihr Leben war rastloses Wandern

Ob, und wenn ja, wie?
Ach so, nee nee
die hatten ja ja
nee nee
die hatten ja ja ...
Und wir da so he?
Und die da so he?

Jede Nacht

Laß es sein
Du fliegst jede Nacht
wie ein Luftballon durch meinen Kopf
und läßt mich nicht in Ruh

Wie ein Stein
liegst Du jede Nacht
unter meinem Kissen
Du zärtlicher Filou

Laß es sein
Du legst mir jede Nacht
jede Menge Worte in den Mund
und ich rede immerzu

Bittersüßer Albtraum
wildes Tier
Du kommst jede Nacht wie
ein Bumerang zurück zu mir

L. Berfeld kennt kein R. Barmen

Frischling, ist das deine Zitze?
Extrawurst kommt hier nicht an!
Hier geht's lang
nach Rang und Namen!
L. Berfeld kennt kein R. Barmen

Und kräftig in der Furche ackern
bis der Schweiß 'ne Pfütze macht
Ohne Tritte geht's nicht weiter
auf allen Sprossen dieser Leiter!

Dieser Fetisch ist magnetisch
diese Blicke sind subtil
Diese Körper sind athletisch
Überleben heißt das Spiel!

Maschine

Ich bin gern ihre Maschine
wenn ich ihnen dienen kann, Madame
Gut seh'n sie aus!
Ham se was genommen?
Oder auch was machen lassen?
Man sieht's an ihrem Lächeln
Ihr Mann hat bestimmt in weiß geheiratet
der Bäckerbursche!
Ich bin gerne ihre Maschine
wenn ich sie bedienen kann, Madame

Schöne fremde geile Vibes!
Zeig mir deine Leibesübung!
Dein kochendheißer Atem
verbrüht mich, wenn ich baden geh'
Du riechst so gut, bleib so steh'n
mein ganzes Leben lang!

Pullover

Is'n Ding, euer Pullowa is' hin
Is'n Ding, euer Pullowa is' hin!

War ja 'n neuer Pullowa
war och 'n teurer Pullowa
Is 'n Ding, euer Pullowa is' hin!
War ja 'n feiner Pullowa
war 'n Designerpullowa
Is 'n Ding, euer Pullowa is' hin
Hamse wohl zu heiß jewaschen
sieht man ja och an die Maschen hier
Schau'n se mal, hier is det Wollprogramm
schalten se det einfach vorher mal an
Wechseln se och mal den Rhythmus
aber so, det er kann wenn er mit muß
Damit könn' se 'n pflegen und schonen
se woll'n in so 'm Ding ja och wohnen
Is'n Ding, euer Pullowa is' hin!
Hier, det nimmt och meine Olle,
ist extra für Schmusewolle

Früher war es schwüler direkt von Anfang an
jetzt ist's gerade kühler, hoffentlich nicht lang
wo hör' ich heute auf, wo fang ich morgen an?
Die Zeit vergeht im Flug, fahr' lieber mit der Bahn

Mach' doch einfach rüber. Stell' Dich nicht so an
Frag' nicht, wo ich früher einmal war
Was zieh'n wir heute aus und nie mehr wieder an
Wir war'n uns lange schon nicht mehr so nah

Der Morgen kommt aus Osten mit 100.000 Watt
das darf auch ruhig was kosten, ist doch klar
Wo geh'n wir heut' noch hin und hauen uns dann weg?
Vielleicht sind wir schon morgen nicht mehr da?

Wo hör' ich heute auf, wo fang ich morgen an?
Wo geh'n wir heut' noch hin und hauen uns dann weg?
Was zieh'n wir heute aus und nie mehr wieder an
Vielleicht sind wir schon morgen nicht mehr da?

Zwischen den Brücken

Zwischen den Brücken steht Land unter Strom
Wir ankern, bis die Sonne sinkt
Du kommst vorbei und sagst »Hallo«
Alle, die da war'n, sind auf und davon
'ne Leuchtreklame blinkt
und du versteckst dich irgendwo

Zwischen den Dächern wächst Gras aus Beton
'ne Fensterscheibe springt –
und ich verlauf mich, einfach so

Vielleicht bis bald?
Vielleicht auch nicht?
Wir lächeln nicht nur im Gesicht
wenn wir uns sehen

Zwischen den Brücken
schwimmt der Fisch auf dem Rücken
wenn wir uns sehen

Captain

Die Sonne geht unter und die Sterne leuchten hell
Die Ratten werden auf einmal munter und geh'n sich
plötzlich ans Fell
Der Captain kommt ums Eck. Hat ne fürchterliche Fahne,
wie alle hier
Das Wasser ist schlecht, er lebt nur noch vom Schnaps
und vom Bier
Captain, im Heck ist ein Leck, und die Bordwand ist
dünn wie Papier
Captain, die Ratten werden jeck, und die Haie
schwimmen Spalier

Doch wir fahren weiter in den Hurrican
immer weiter geradeaus
Wir schlagen 'nen Salto und werden untergeh'n
irgendwann macht's peng und dann ist es aus

Ich steh an Deck, der Kahn schaukelt rauf und runter
Hier draußen riecht's nach Sturm
und die Wolken fliegen vorbei
Die See schenkt uns nichts, wir werden ganz grün
und noch bunter
'S wird langsam riskant und die Wellen schlagen
zehn Meter hoch
Captain, wir wollen endlich weg, wir sind einfach
schon zu lange hier!
Captain, die Ratten werden jeck
und die Haie schwimmen Spalier

Doch wir fahren weiter in den Hurrican
immer weiter geradeaus
Wir schlagen 'nen Salto und werden untergeh'n
irgendwann macht's peng und dann ist es aus

Captain, ich glaube, da vorn ist der Hurrican
Wir schlagen 'nen Salto und werden untergeh'n
Irgendwann macht's peng und dann ist es aus

Heute Nacht fällt der Mond in den Rhein

Ich bleib bis zum Morgen
denn heute Nacht fällt der Mond in den Rhein
Und das soll auch so sein
Was fehlt, kann ich noch besorgen
vielleicht französischen Wein?

Wir stehen am Fenster
du siehst wieder Gespenster
und wir laden sie ein
auf ein Glas Wein
Und das soll auch so sein

Ich bleib bis zum Morgen
denn heute Nacht fällt der Mond in den Rhein

Kommt ein Vogel geflogen
und ungelogen:
Er sieht aus wie ein Schwein!
Vielleicht liegt's am Wein?
Und das soll auch so sein

Ich bleib bis zum Morgen
denn heute Nacht fällt der Mond in den Rhein

KAPITEL 2

Licht

Licht ist gerade nicht in Sicht
müssen heut' im Dunkeln schunkeln
Ist aber egal, ist völlig normal hier

Du strahlst aus den Augen
machst blind wie Absinth, mein Kind
Du fällst kurz hin
stehst aber immer wieder auf

Am Ende der Welt ist genug Platz
für zwei Vögel wie uns
An den Rändern der Zeit
macht sich die Ewigkeit breit

Hast Augen wie Sterne
weinst bunte Tränen, wenn Du lachst
Du fällst kurz hin, stehst immer wieder auf

Wo der Rhein die Ruhr küßt

DU DU DU DU
Die Party
tobt hier

Der Ball is rund
der Rasen is grün
Und wer verloren hat
muß Leine ziehn

denn nur der Sieger
sahnt lecker ab
der wird gefeiert
der feiert richtig ab
der leckt am Geld hat leichtes Spiel
und kriegt
am Ende
was er will

Osthoff Hopp Hopp
Hopp

Das Fußballherz schlägt im Revier
hier wird gefeiert
die Party tobt hier
das Fußballherz schlägt im Revier
wo die Ruhr einen Rhein kriegt
die Party ist hier
Macht den Pokal voll
mit uns'rem Bier
und laßt die Sau raus
die Party tobt hier

Hier spricht der Captain
jetzt gehts um die Wurst
füllt den Pott mit Schweiß
wir haben Durst
Denn der Sieger sahnt lecker ab
wir wollen feiern
wir feiern richtig ab

Wo der Rhein die Ruhr küßt
da kommen wir her
da beißt man sich durchs Leben

doch nichts ist zu schwer
Wenn die Sonne nachts
aufgeht kocht man
den Stahl
hier brennt
der Himmel
hier ist
nichts normal
DU DU DU DU

Hinter Fichten

Hoch und dicht steh'n hundert Fichten
Keine Tanten hier, mit Nichten!
Überall nur dunkler Wald
Hast Du nichts an, wird's ziemlich kalt
Stehst also da, mit kahlem Asten
Kein guter Ort für Päderasten

Dreck darf
auch mal
schmutzig sein

Prestige

Prestige, Prestige
wir brauchen mehr Prestige
und weniger Courage (vielleicht ne größere Garage)
Prinzip, Prinzip
wir reiten Tag und Nacht
Profil, Profil
auf allen unseren Reifen
Profit, Profit
die Luxusfresse lacht

Wir waren zu lang
zu zweit in einer Haut
da paßte keiner
mehr dazwischen
Laß uns
was zusammen machen
von jetzt bis gleich
für eine halbe Ewigkeit

Tränengaslied

Ich möchte immer nur noch weinen
in bunte Bettwäsche aus Leinen
Treibe hier im Tränenmeer
Ich selbst hab' keine Träne mehr
Alles komplett weggeflennt
(bin zwischendurch mal eingepennt)
Doch dann kommt endlich Tränengas
die Augen werden wieder naß
Schließlich heulen die Sirenen
Tränen spritzen in Fontänen
Eigentlich geht's nicht mehr krasser
denn jetzt ist alles unter Wasser

Nix hier so bla bla
So So, Aha
Ist ja voll leer hier!
Ist ja nix los ...
was machen wir bloß?

Gute Nacht

Von heute nacht bis morgen ist's nicht lang
Keiner fragt warum und keiner wann
es passiert
wir kriechen ineinander
fallen übereinander her
wir nehmen was wir kriegen
denn was bleibt uns hinterher?

Unsere Schatten spielen an der Wand
und verschwinden leise
unerkannt in dieser Nacht
die die Lichter langsam austritt
Schritt für Schritt ein bisschen mehr
wir nehmen was wir kriegen
denn was bleibt uns hinterher?

Diese Nacht gehört nur uns zwei beiden
wir können uns gut leiden
vielleicht bis morgen früh
Wenn der Tag uns weckt
ist alles anders
vielleicht sind wir woanders
das weiß man vorher nie

Gute Nacht, gute Nacht!

Acht

Er & sein verdammtes Schwein
gehen heute ins Kasino
Da liegt auch der Lottoschein
Was kann da schon passieren?
Er setzt erst mal auf die 8
hat er letztens auch gemacht
letztens ist schon lange her
wie lange, weiß er schon nicht mehr

Verbittert und verbissen
biss
er in seine Kissen

Selbsternannter weltbekannter Abgesandter
abgebrannter Vorstadtpanther
Laß' den Kopf doch einfach hängen
bis er über'n Boden schleift
Degradierter, Demaskierter, Kleinkarierter
Demolierter, Ausrangierter
Laß' den Kopf doch einfach hängen
bis er über'n Boden schleift

Aktenbergwachtmeister Nolte

Es sind einfach wunderbare
Vordrucke und Formulare
rief Aktenbergwachtmeister Nolte
und füllte jedes einzeln aus
er wußte selbst nicht was das sollte
Manchmal half Kollege Klaus
wenn Kollege Karl nicht wollte

Aber auch die Protokolle
zur Überprüfung und Kontrolle
bereiteten ihm großen Spaß
Er schickte sie von hier nach dort
bis auf die die er vergaß
Die meisten landeten sogar
am richtigen Bestimmungsort
wo sie selten einer las

Nolte kannte jede Weisung
von jedem Ministerium
und ein neuer Runderlaß
war für ihn wie Opium
Da blieb meistens nicht viel Zeit
für die Verwaltungstätigkeit

Nach vierzig Jahren Aktenbergwacht
wurde Nolte pensioniert
Auch der Papierkrieg fordert Opfer
stammelte er irritiert

ich war
geduldig wie Papier
vollkommen weg
und nicht mehr
hier

Mach's gut

Mach's gut, so long, arrivederci
Mach's gut, so long, adieu
Jenseits aller Tränen
fuhr der Pizzamann vorbei
der war eigentlich ein Schrauber
machte das nur nebenbei
Dann explodierten die Gefühle
vor einem Sonnenuntergang
und die beiden Durchgedrehten liefen kilometerlang
Was war, das war, was wird, wird sein
und nichts davon ist wahr
Ein Himmelblau mit wilden Wolken
als die Sonne wieder schien
(wohl) von Hamburg bis nach München
über Köln bis nach Berlin
Alles steht auf Null, wir sind nicht mehr zwei
Du bist jetzt woanders, ich bin nicht dabei

Ach so

Ob, und wenn, ja wie?
Ach so, nee nee, die hatten ja ja
nee nee, die hatten ja ja,
Und wir da so: heh?
Und die da so: heh?
Ist ja voll leer hier!
Ist ja nix los!
Was machen wir bloß?

BIO & BIBLIO

Klaus Grospietsch

5. Oktober 1957 in Duisburg am Rhein in Hochfeld
> Den großen Teil meiner Jugend verbrachte ich dort mit Straßenfußball. <

Er ist Mitbegründer der **hfn-jam**, der Kultveranstaltung im **Ruhrorter Hafen** mit über hundert Events im **Hübi am Hafen**.

Sein erstes Buch heißt **Königspudel mögen keinen Jazz**.

KG wirkte mit als Künstler beim **Akzente-Festival** (**NRW**) in **Duisburg am Rhein (GERMANY)**.

Fotos
Tanja Jürgensen
SimpleMe Photography
*

Ruhrorter Kunstpfad
by **art ruhrort**

world internet books

wib*The Production of the Authors
Edition Niederrheinische Dichtkunst
Herausgeber Fred Schywek ©2023
Duisburg am Rhein
GERMANY
Europe

© 2023, Klaus Grospietsch
Herstellung und Verlag:
BoD – Books on Demand, Norderstedt
ISBN: 9783757806767